MARIA, ÍCONE DA SINODALIDADE NA IGREJA

PE. CARLOS BARBOSA, CS
WELLINGTON DA SILVA DE BARROS

MARIA, ÍCONE DA SINODALIDADE NA IGREJA

COLEÇÃO ESCOLA DE MARIA
15

EDITORA
SANTUÁRIO

Dados Internacionais de Catalogação na Publicação (CIP) de acordo com ISBD

B238m Barbosa, Carlos

Maria, ícone da sinodalidade na Igreja / Carlos Barbosa, Wellington da Silva de Barros. - Aparecida : Editora Santuário, 2022.
32 p. ; 14cm x 21cm.

ISBN: 978-65-5527-264-2

1. Religião. 2. Cristianismo. 3. Maria. I. Barros, Wellington da Silva de. II. Título.

CDD 240
2022-3328 CDU 24

Elaborado por Vagner Rodolfo da Silva - CRB-8/9410

Índice para catálogo sistemático:
1. Religião : Cristianismo 240
2. Religião : Cristianismo 24

1ª impressão

Rua Pe. Claro Monteiro, 342 – 12570-000 – Aparecida-SP
Tel.: 12 3104-2000 – Televendas: 0800 - 0 16 00 04
www.editorasantuario.com.br
vendas@editorasantuario.com.br

APRESENTAÇÃO

Em parceria com o Instituto São Paulo de Estudos Superiores e Portal A12, a Academia Marial ofereceu em agosto de 2022 a **2ª Semana Bíblico-Mariológica**. Foram quatro palestras, com o intuito de oferecer uma reflexão mais profunda sobre o tema da Novena da Padroeira de 2022: **"Com Maria, caminhar juntos para construir uma Igreja missionária"**.

Este número traz duas dessas excelentes reflexões.

A primeira, do Pe. Carlos Barbosa, impele-nos a sonhar com uma Igreja sinodal, da qual a Virgem Maria é um ícone. Assim, a partir da figura do Bom Pastor e de Nossa Senhora Divina Pastora, o autor nos oferece um caminho para entender a proposta do Sínodo, à luz dos ensinamentos do papa Francisco.

Na segunda palestra, o Prof. Wellington Barros nos mostra que a sinodalidade pode contribuir para uma sociedade mais humana e fraterna e que é uma tarefa de cada batizado. Mas como podemos construir essa sociedade em um mundo tão controverso? É o que ele nos ajuda a refletir.

Com estas páginas, esperamos contribuir para a participação de todo o Povo de Deus no grande Sínodo, convocado pelo papa Francisco, e juntos construirmos uma Igreja mais comunional, participativa e missionária.

I

SINODALIDADE E ECLESIOLOGIA: COM MARIA, DIVINA PASTORA, CAMINHAR JUNTOS, À LUZ DOS ENSINAMENTOS DO PAPA FRANCISCO

Prof. Ms. Carlos Barbosa, cs

1. Introdução

Nossa Senhora Divina Pastora, Mãe do Bom Pastor, é um dos muitos títulos pelos quais invocamos a intercessão da Bem-aventurada Virgem Maria, sendo, sob essa invocação, particularmente cultuada em Portugal, Espanha e América Latina.

O início da Oração a Nossa Senhora Divina Pastora diz: "Oh Divina Pastora, levai-me a Jesus, o Bom Pastor (...)". Sendo assim, entramos no tema – Com Maria, Divina Pastora, caminhar juntos à luz dos ensinamentos do papa Francisco –, no que diz respeito ao Coração do Bom Pastor e nosso coração de pastores.

Antes de fixarmos o olhar nestes dois corações: o Coração do Bom Pastor e o coração dos pastores, é oportuno visitarmos algumas frases do papa Francisco, que convida a Igreja para o Sínodo[1]:

> O tema da sinodalidade não é o capítulo de um tratado sobre eclesiologia, e muito menos uma moda, um slogan ou um novo termo a ser usado ou instrumentalizado nos nossos encontros. Não! A sinodalidade expressa a natureza da Igreja, a sua forma, o seu estilo, a sua missão (Roma, 18.9.2021);
>
> A palavra "sínodo" contém tudo o que nos serve para compreender: "caminhar juntos" (...) Caminhar juntos - leigos, pastores, bispo de Roma - é um conceito fácil de exprimir em palavras, mas não é assim fácil pô-lo em prática" (50º aniversário do Sínodo dos Bispos, 17 de outubro de 2015);
>
> O objetivo do Sínodo não é produzir documentos, mas sim "fazer brotar sonhos, despertar profecias e visões, fazer florescer as esperanças, estimular a confiança, ligar feridas, tecer relações... e criar um imaginário positivo que ilumine mentes, aqueça corações, volte a dar força às mãos" (Documento Preparatório do Sínodo, 32);
>
> Os pastores caminham com o povo: nós pastores caminhamos com o povo, às vezes à frente, outras no meio, e outras atrás. O bom pastor deve mover-se deste modo: na frente para guiar, no meio para encorajar e não esquecer o cheiro do rebanho, atrás porque também o povo tem "faro". Tem olfato para encontrar novas vias para o caminho, ou para encontrar novamente a vereda perdida (Roma, 18.9.2021).

2. Coração do Bom Pastor e o nosso coração de pastores

A sinodalidade não é uma invenção do Vaticano II ou do papa Francisco. Está nos Atos dos Apóstolos, no Evangelho, na Palavra de Deus, que é central, como brasa que sempre reacende quando é alimentada.

O papa Francisco tem sido um grande ícone, "Um fogo que acende outros fogos!", como demonstra seus ensinamentos.

Em ocasião das celebrações do Jubileu Extraordinário da Misericórdia, foi celebrado, em Roma, o Jubileu dos Sacerdotes[2]. Nessa ocasião, durante sua homilia, o papa Francisco dirigiu-se aos sacerdotes, presentes na Praça São Pedro, com estas palavras:

> Os tesouros insubstituíveis do Coração de Jesus são dois: o Pai e nós. As suas jornadas transcorriam entre a oração ao Pai e o encontro com as pessoas. Não distanciamento, mas o encontro. Também o coração do pastor de Cristo só conhece duas direções: o Senhor e as pessoas (...) é um coração firme no Senhor, conquistado pelo Espírito Santo, aberto e disponível aos irmãos[3].

Partindo das Leituras da Solenidade do Sagrado Coração de Jesus, o papa Francisco apresentou em sua reflexão três verbos necessários para o agente de pastoral que o fazem perceber a necessidade e a beleza de "caminhar juntos": procurar, incluir e alegrar-se.

Procurar. O profeta Ezequiel lembrou-nos de que Deus em pessoa procura as suas ovelhas (34,11.16). Ele – diz o Evangelho – "vai à procura da que se tinha perdido" (Lc 15,4), sem se deixar atemorizar pelos riscos; sem hesitação, aventura-se para além dos lugares de pastagem e fora das horas de trabalho. E não exige pagamento das horas extraordinárias. Não adia a busca; não pensa: "hoje já cumpri o meu dever; veremos se me ocupo disso amanhã", mas põe-se imediatamente em campo; o seu coração está inquieto enquanto não encontra aquela única ovelha perdida (...) Umas vezes terá de sair à sua procura, falar-lhe, convencê-la; outras deverá permanecer diante do Sacrário, "lutando" com o Senhor por aquela ovelha.

Tal é o coração que procura: é um coração que não privatiza os tempos e os espaços. (...) Não é cioso da sua legítima tranquilidade (...) não defende as comodidades próprias, não se preocupa por tutelar o seu bom nome, mas será caluniado, como Jesus (...)

O pastor segundo Jesus tem o coração livre para deixar as suas coisas, não vive fazendo a contabilidade do que tem e das horas de serviço (...) e dedica-se à missão (...) Indo à procura encontra, e encontra porque arrisca. Se o pastor não arrisca, não encontra (...) Por isso não só mantém as portas abertas, mas sai à procura de quem já não quer entrar pela porta. Como todo o bom cristão, e como exemplo para cada cristão, está sempre em saída de si mesmo. O epicentro do seu coração está fora dele: é um descentrado de si mesmo, porque centrado apenas em Jesus.

Segunda palavra: incluir. Cristo ama e conhece as suas ovelhas, dá a vida por elas e nenhuma Lhe é desconhecida (cf. Jo 10,11-14). O seu rebanho é a sua família e a sua vida. Não é um líder temido pelas ovelhas, mas o Pastor que caminha com elas e as chama pelo nome (cf. Jo 10,3-4). E quer reunir as ovelhas que ainda não habitam com Ele (cf. Jo 10,16).

Assim é também o sacerdote de Cristo: é ungido para o povo, não para escolher os seus próprios projetos, mas para estar perto do povo concreto que Deus, através

> da Igreja, confiou-lhe. Ninguém fica excluído do seu coração, da sua oração e do seu sorriso. Com olhar amoroso e coração de pai acolhe, inclui e, quando tem de corrigir, é sempre para aproximar; não despreza ninguém, estando pronto a sujar as mãos por todos (...) Alegrar-se. Deus está "cheio de alegria" (Lc 15,5): a sua alegria nasce do perdão, da vida que ressurge, do filho que respira novamente o ar de casa. A alegria de Jesus Bom Pastor não é uma alegria por Si, mas uma alegria pelos outros e com os outros, a alegria verdadeira do amor.

Quando se fala de sinodalidade, podem-se correr muitos riscos, entre os quais, o de criticar e demolir, e não alimentar a comunhão. Um verdadeiro caminho sinodal é não perder de vista o caminho percorrido pelo coração do Bom Pastor e que é proposto a todo aquele que deseja obter o coração de pastores.

3. Com Maria, a sinodalidade acontece no caminhar juntos

Sinodalidade é caminhar juntos! Em nossas canções a Nossa Senhora, aprendemos com ela a servir com gratuidade e agilidade. Uma dessas canções nos ajuda a entender a Sinodalidade:

> Maria, Mãe dos caminhantes, ensina-nos a caminhar.
> Nós somos todos viandantes, mas não é fácil sempre andar.
> Fizeste longa caminhada para servir a Isabel, Sabendo-te de Deus morada, após teu sim a Gabriel.

A Divina Pastora, que nos leva a Jesus, o Bom Pastor, é o ícone da agente pastoral para uma Igreja Sinodal[4]:

> Maria é uma mãe solícita, que se interessa pela vida do Povo de Deus e de cada um dos seus filhos (...) Maria é um ícone para a Igreja e para cada cristão, especialmente para as mulheres. É a imagem, o espelho para o qual devemos olhar. (...) Ela é o modelo das virtudes que temos de encarnar para viver plenamente o caminho sinodal como Igreja[5].

Na homilia da Missa, celebrada em Bucareste, em 31 de maio de 2019, primeiro dia de sua visita a Romênia[6], o papa Francisco afirmou:

> Maria caminha... de Nazaré até casa de Zacarias e Isabel (...) Irá da Galileia a Belém, onde nascerá Jesus; fugirá para o Egito, a fim de salvar o Menino de Herodes; além disso dirigir-se-á cada ano a Jerusalém pela Páscoa, até a última em que seguirá o Filho até o Calvário. Estas viagens têm uma característica: nunca foram caminhos fáceis, exigiram coragem e paciência. Dizem-nos que Nossa Senhora conhece as subidas, conhece as nossas subidas: é nossa irmã no caminho[7].

Em outros de seus ensinamentos, o papa Francisco apresenta Maria como o ícone da sinodalidade[8], já no primeiro ano de seu pontificado, na mensagem de encerramento do mês mariano, o Papa sintetizou o comportamento de Maria, no episódio da Visitação, em três palavras: escuta, decisão e ação, segundo Francisco[9]; essas palavras indicam um caminho também para nós, diante daquilo que o Senhor nos pede na vida:

> Escuta. De onde nasce o gesto de Maria, de ir visitar a sua parente Isabel? De uma palavra do Anjo de Deus: "Também Isabel, tua parente, concebeu um filho na sua velhice..." (Lc 1, 36) (...) é uma "escuta" feita de atenção, de acolhimento e de disponibilidade a Deus. Não é o modo distraído com que às vezes nos pomos diante do Senhor ou perante os outros: escutamos as palavras, mas não ouvimos verdadeiramente (...)
> Isto é válido também na nossa vida: escuta de Deus que nos fala, e escuta também da realidade quotidiana, atenção às pessoas, aos acontecimentos, porque o Senhor está à porta da nossa vida e bate de muitos modos (...)
> A segunda palavra: decisão (...) Na vida é difícil tomar decisões, e muitas vezes tendemos a adiar, a deixar que outras pessoas decidam por nós, frequentemente preferimos deixar-nos levar pelos acontecimentos, seguir a moda do momento; às vezes sabemos o que devemos levar a cabo, mas não temos a coragem de o fazer, ou parece-nos demasiado difícil porque significa ir contra a corrente. Na Anunciação, na Visitação e nas bodas de Caná Maria vai contra a corrente; Maria vai contra a corrente; põe-se à escuta de Deus, medita, procura compreender a realidade e decide confiar-se totalmente a Deus (...)
> A terceira palavra: ação. Maria pôs-se a caminho "apressadamente..." (cf. Lc 1,39) (...) quando compreende claramente o que Deus lhe pede, o que deve levar a cabo, [Maria] não hesita, não se atrasa, mas vai "depressa". Santo Ambrósio comenta: "A graça do Espírito Santo não permite demoras" (Expos. Evang. sec. Lucam, II, 19: PL 15, 1560). O agir de Maria é uma consequência da sua obediência às palavras do Anjo, mas unida à caridade: vai visitar Isabel para lhe ser útil; e neste gesto de sair da sua casa, de si mesma por amor, leva consigo aquilo que possui de mais precioso: Jesus; leva o Filho.

Às vezes, também nós nos limitamos à escuta, à reflexão sobre aquilo que deveríamos levar a cabo, e talvez compreendamos claramente a decisão que devemos tomar, mas não realizamos a passagem para a ação. E, sobretudo, não nos pomos em jogo a nós mesmos, movendo-nos "depressa" rumo aos outros para lhes prestar a nossa ajuda, a nossa compreensão e a nossa caridade; para levar também nós, a exemplo de Maria, aquilo que possuímos de mais precioso e que recebemos, Jesus e o seu Evangelho, com a palavra e sobretudo com o testemunho concreto do nosso agir.

4. Conclusão

Nossa Senhora é espelho para uma Igreja sinodal. Ela nos possibilita sonhar uma Igreja sinodal, percorrendo um caminho de fraternidade. Não contarão tanto as reuniões, o que se "escuta" e diz, mas a experiência que faremos juntos, para que fique uma prática essencial da Igreja, muito para além do Sínodo de 2023. Não é agenda do Papa, é agenda do Espírito Santo[10]. Sabemos que inicia agora, não sabemos para onde nos leva!

Maria, Mulher da escuta, da decisão e da ação[11].
Maria, Mulher da escuta, abre os nossos ouvidos; faz com que saibamos ouvir a Palavra do teu Filho Jesus, no meio das mil palavras deste mundo; faz com que saibamos ouvir a realidade em que vivemos, cada pessoa que encontramos, especialmente quem é pobre e necessitado, quem se encontra em dificuldade.
Maria, Mulher da decisão, ilumina a nossa mente e o nosso coração, a fim de que saibamos obedecer à Palavra do teu Filho Jesus, sem hesitações; concede-nos a coragem da decisão, de não nos deixarmos arrastar para que outros orientem a nossa vida.

Maria, Mulher da ação, faz com que as nossas mãos e os nossos pés se movam "apressadamente" rumo aos outros, para levar a caridade e o amor do teu Filho Jesus, para levar ao mundo, como tu, a luz do Evangelho. Amém!

Prof. Ms. Carlos Barbosa, cs
Missionário Scalabriniano. Licenciado em Filosofia, pela Pontifícia Universidade Católica do Paraná (PUC-PR); Bacharel em Teologia, pela Pontifícia Universidade Lateranense; Mestre em Teologia, pelo Scalabrini International Migration Institute (SIMI); e professor de Teologia, no Instituto São Paulo de Teologia (ITESP).

NOTAS

[1] O papa Francisco convidou toda a Igreja para um Sínodo, cujo título é "Por uma Igreja Sinodal: comunhão, participação e missão". Começou nos dias 9 e 10 de outubro de 2021, em Roma, e no dia 17 de outubro, em cada igreja particular. Uma etapa fundamental será a realização da 16ª Assembleia do Sínodo dos Bispos, em outubro de 2023.

[2] Homilia do papa Francisco, Praça São Pedro. Sexta-feira, 3 de junho de 2016. Solenidade do Sagrado Coração de Jesus.

[3] Idem.

[4] Cf. A Virgem Maria, ícone da contribuição da mulher para a sinodalidade na Igreja. Palestra ministrada pelo secretário do Dicastério para os Leigos, a Família e a Vida, Pe. Alexandre Awi Mello, durante o I Seminário internacional sobre a mulher, que aconteceu de forma virtual durante os sábados, de 5 a 26 de março de 2022, com o tema "Mulher, Igreja e sinodalidade: escuta e cuidado da realidade".

[5] Idem.

[6] Viagem Apostólica Internacional de Francisco. Teve como lema "Caminhemos juntos".

[7] Papa em Bucareste: Maria caminha e convida-nos a caminhar juntos.

[8] No primeiro dia do ano de 2021, o Secretário de Estado do papa Francisco, Pietro Parolin, celebrou a missa da Solenidade da Mãe de Deus. O Pontífice preparou a homilia que foi lida pelo Cardeal durante a celebração. Ele comenta que se destacam três verbos que se realizam na Mãe de Deus: abençoar, nascer e encontrar: "Maria não é apenas a ponte entre nós e Deus; é mais: é

o caminho que Deus percorreu para chegar até nós e é o caminho que nós devemos percorrer para chegar até Ele".

[9] Palavras do papa Francisco na conclusão do mês de maio de 2013.

[10] Sonho de uma Igreja Sinodal. Artigo de D. Armando Esteves Domingues. 25 março, 2022. Por MAS (Mensageiro de Santo Antônio).

[11] Papa Francisco. Oração a Maria, no final da recitação do Santo Rosário (Praça de São Pedro, 31 de maio de 2013).

II

SINODALIDADE E A CONSTRUÇÃO DE UMA SOCIEDADE HUMANA E FRATERNA

Prof. Dr. Wellington da Silva de Barros

Introdução

A aventura humana no mundo é arriscada e dolorosa, mas também bela e fascinante. No mundo atual, a globalização vai se consolidando a cada dia através do mercado, da política, comunicação e espiritualidade. Junto a isso, vão emergindo novas dinâmicas relacionadas à vida social, pautadas nas tecnologias da informação. Não podemos ignorar que muitas pessoas estão fora dessa nova sociedade de informação e comunicação. Sabemos que atualmente temos, certamente, aspectos positivos e negativos: inovações, interconectividade e novas tecnologias. Os benefícios de nosso tempo são inegáveis, mas são também inegáveis as possibilidades reais de destruição do planeta, pobreza de milhões de pessoas, violência, sobretudo, contra as mulheres etc. A fé cristã diz que não estamos sozinhos nessa aventura! Deus se revela como parceiro de viagem e amigo da vida. Diante dessa aventura e em meio a esse contexto nebuloso, o papa Francisco vem denunciando essas situações e anunciando outras dinâmicas para a Igreja e para o mundo, para ele, a Igreja e a humanidade chegaram a situação que não dá mais para continuar como está! É urgente a revisão! No caso da Igreja, voltar a suas raízes!

Em relação à Igreja, Francisco afirma que é fundamental caminhar pela estrada da sinodalidade. A sinodalidade é pensada como o resgate de uma dinâmica eclesial a toda a Igreja, Povo de Deus, e como possibilidade para seguir Jesus com maior fidelidade e compromisso, promovendo a vida nestes tempos feridos. O resgate bíblico e eclesiológico da sinodalidade, pelo papa Francisco, deixa evidente que, quanto mais fechada a Igreja, for menos preocupada estará com os problemas da humanidade.

Fica evidente também que somente nessa dinâmica podemos renovar de verdade nossa pastoral e adequá-la à missão da Igreja no mundo de hoje. A sinodalidade é uma tarefa de todos, pois busca promover a dignidade, maturidade e responsabilidade de cada batizado. Porém a sinodalidade não é somente para os membros da Igreja, pode ser uma proposta à toda a família humana:

> A vida sinodal da Igreja se oferece, em particular, como diaconia na promoção de uma vida social, econômica e política dos povos sob o signo da justiça, da solidariedade e da paz. "Deus em Cristo, não redime somente a pessoa tomada individualmente, mas também as relações sociais entre os homens (...) é empenho prioritário e critério de toda ação social do povo de Deus o imperativo de escutar o grito dos pobres e aquele da terra, recordando com urgência, na determinação das escolhas e dos projetos da sociedade, o lugar e o papel privilegiado dos pobres, a destinação universal dos bens, o primado da solidariedade e o cuidado da casa comum (*Sinodalidade na Vida e Missão da Igreja, n. 119*).

A relação Igreja e Mundo

Para compreender como a sinodalidade pode contribuir para a construção de uma sociedade humana e fraterna, é importante ter presente a relação entre a Igreja e o mundo. Não são poucos os equívocos atuais, por parte de católicos, sobre essa questão. Muitos pensam ainda que a Igreja não deve se preocupar com as questões do mundo, mas sim, apenas, com uma "salvação" entendida de maneira muito abstrata e a-histórica. Por isso é importante ressaltar que a Igreja não existe em função de si mesma, mas é Igreja no mundo e para as pessoas que vivem neste mundo. Igreja e mundo não são realidades paralelas, nesse sentido, devemos superar essa visão que confronta esses dois mundos. O Concílio Vaticano II trouxe a dimensão de uma Igreja que dialoga com todos:

> As alegrias e as esperanças, as tristezas e as angústias dos homens de hoje, sobretudo dos pobres e de todos aqueles que sofrem, são também as alegrias e as esperanças, as tristezas e as angústias dos discípulos de Cristo; e não há realidade alguma verdadeiramente humana que não encontre eco no seu coração (*Gaudium et Spes*, 1).

Nada do que é humano deve ser ignorado pela Igreja. Mesmo sabendo que o mundo pode perseguir a Igreja, ela, a exemplo de Jesus, não pode deixar de exalar amor e doação, mesmo quando for injustamente violentada! A Igreja deve, em diálogo com o mundo, ser uma presença acolhedora e companheira de caminhada da humanidade, e não uma Igreja que apenas julga e condena, ela deve saber escutar e acompanhar. Assim, corresponderá a sua vocação de ser sinal universal de salvação a partir da fé e fidelidade a Jesus e seu Reino, que se manifesta também além da mesma Igreja.

O ser humano na dinâmica da fé cristã

Ladaria ressalta que a relação entre o ser humano e Jesus está presente desde a criação. Jesus é a imagem do Deus invisível e modelo de ser humano. Deus modelou o primeiro Adão e, no tempo oportuno, revestiu com o segundo. A salvação divina não é extrínseca ao ser humano, e ainda que imprevisível, deve levar o ser humano a sua plenitude intrínseca: Jesus é a primeira e última palavra sobre o ser humano. Por isso Jesus está presente na própria definição de ser humano.[1]

O ser humano, como criatura de Deus, por meio de sua expressão de fé, manifesta Deus. A construção da identidade do ser humano parte da dinâmica da revelação de Deus, subsidiada na Sagrada Escritura. Os fundamentos que estruturam o ser humano, como liberdade, alteridade e destinação, fazem com que ele tenha condições de reconhecer suas capacidades de criar, amar, desejar e aceitar Deus. A confrontação de Deus com o ser humano perpassa a temática da fé, na qual é tida como a resposta do homem dada por Deus, ao longo da história. A partir disso é que toda expressão de fé se estrutura.

Com o confronto com a realidade e o enigma diante dele, ao ser humano é apresentada a possibilidade de se desenvolver e crescer. Esse enigma o impulsiona, levando a sair de si e ir ao encontro do outro. As indagações e inquietações, que se apresentam ao ser humano, mostram como ele é um sujeito necessitado de respostas. É o infinito em sua finitude. As muitas perguntas, em relação ao sentido da vida, fazem pensar mais e criar respostas. Deus é visto nessa perspectiva do humano como criador e descobridor, como esse "Outro" que é possível de ser encontrado ou experimentado. Esse enigma constitutivo faz com que o ser humano busque dar sentido a sua própria identidade, busque compreensão. Essa compreensão ganha significado ímpar com a encarnação de Jesus, ou seja, por meio da humanidade, Deus dá-se a conhecer. A relação de Deus com o ser humano torna-se insubstituível e inseparável. Enfim, pelo olhar divino, podemos conceber quem é o humano. E toda essa possibilidade nos é dada gratuitamente. É essa graça de relação de Deus conosco que nos torna mais humanos, mais interativos em nossa compreensão de fé, de Igreja, de oração e de ação.

O mistério da Encarnação como princípio norteador da ação da Igreja para uma nova humanidade

O ser humano está sempre em construção. Jesus é o protótipo do qual podemos falar corretamente de Deus e falar corretamente do ser humano, pois, é a revelação plena de Deus e da humanidade. O dogma cristológico afirmou a plenitude de Jesus de forma concreta e em relação com a humanidade:

> Na realidade, o mistério do homem só no mistério do Verbo encarnado se esclarece verdadeiramente. Adão, o primeiro homem, era efetivamente figura do futuro, isto é, de Cristo Senhor. Cristo, novo Adão, na própria revelação do mistério do Pai e do seu amor, revela o homem a si mesmo e descobre-lhe a sua vocação sublime. Não é por isso de admirar que as verdades acima ditas tenham n'Ele a sua fonte e n'Ele atinjam a plenitude (*Gaudium et Spes, 22*).

Se Jesus foi humano como nós e cumpriu a vontade do Pai, morreu e ressuscitou, fica evidente o caminho aberto por ele a toda a humanidade, ou seja, é possível ao ser humano chegar a ser como Cristo. Jesus é protótipo e modelo, profecia e destino da humanidade. Podemos afirmar que estamos vivendo o advento dessa realização humana em Jesus e de tudo o que ainda há de vir. Jesus revela um ser humano, como Deus o vê, criado a partir de Seu jeito e de Seu sonho. Tornar-se plenamente humano é seguir os passos de Jesus. Cristo revelou ao ser humano a verdadeira identidade humana. Deus estabelece com os homens uma relação de amizade e gratuidade, tudo por sua graça, pois Ele tem empatia com o ser humano, cuida e confia, dotando-nos de liberdade, fruto de seu amor e de sua confiança.

A relação entre Deus e o ser humano, marcada pela alteridade e empatia, lança-nos ao compromisso de cuidado, amor e responsabilidade com todas as coisas criadas, pois somos imagens de Deus e queremos buscar sermos semelhantes a Ele. A graça de Deus é manifestada na relação antropológica e deve ser veículo de comunicação do amor. Somente esta graça é capaz de reconciliar o homem e Deus; os céus e a terra; o pecado e a desesperança. Portanto a graça de Deus é dom e advento, gerando vida nova, pelo dom de Deus e seu mistério. Assim, a fé torna-se a capacidade de perceber que Deus já está no meio de nós.

Quem é o ser humano que Jesus revela?

O Concílio de Calcedônia, em 451, dedicou especial atenção à humanidade de Jesus Cristo e definiu a união da divindade com a humanidade:

> ... perfeito na sua divindade e perfeito na sua humanidade, verdadeiro Deus e verdadeiro homem (...) consubstancial ao Pai segundo a divindade e consubstancial a nós segundo a humanidade, semelhante em tudo a nós, menos no pecado (Concílio de Calcedônia – 451).

A partir dessa afirmação, temos amplo espaço para compreender quem é o ser humano que Jesus revela. Que Jesus revela o Pai é algo que não se questiona na prática da fé de muitos católicos, os problemas se apresentam quando também se afirma que Jesus revela o ser humano. Há muitos divórcios na fé católica, um deles é entre Deus e a humanidade.

Essa perspectiva do Concílio é a base da interpretação cristã sobre o ser humano e seu mundo: o sentido do mundo e do ser humano em Jesus. É Nele, por Ele e Nele que é revelado, a Ele é composto e Nele é finalizado. O mundo e o ser humano encontram em Cristo o fundamento e o objetivo da existência e consistência. O fato de que Jesus Cristo viveu no seio da história, com plena, integral humanidade, e passou pela morte à definitiva glória de Deus, enquanto ressuscitou com toda a humanidade, representa a promessa e o futuro antecipado do ser humano e do mundo, segundo o projeto de Deus. Na humanidade glorificada de Jesus Cristo, completou-se o futuro do homem e da história: sua ressurreição é antecipação e promessa, já completa e ainda a completar.

Em tempos de crises e inseguranças, é urgente resgatar o ser humano a partir de Jesus Cristo. A concepção antropológica que advém da fé cristológica não ignora a possibilidade ou situação de pecado do ser humano. Mas, por outro lado, revela um ser humano que é capaz de se converter, amar, perdoar e servir.

Ao se conformar a Jesus, o ser humano pode ir se construindo e se fazendo em e por ele já neste mundo a experiência de uma profunda renovação de si, de "nova criação" no amor, ter a vida na direção de Deus, do próximo e de todas as criaturas.

A reflexão anterior nos leva a compreender que se aproximar do ser humano, a partir de Jesus, é buscar nos relacionarmos como seres humanos de outra forma. A fé cristã não se limita a nenhuma visão humanista, mas é inegável sua dimensão humanizadora. Palavras como santidade e plenitude, fundamentais para a fé, tem a ver também com a humanização da humanidade. Ser santo e buscar viver a plenitude da vida trazida por Jesus, não é nada oposto com as mais simples buscas, tentativas e anseios humanos. O ser humano é um ser que coexiste, ou seja, minha humanidade implica a do outro.

Conclusão

Uma Igreja que caminha realmente como Povo de Deus é o melhor testemunho que podemos dar para o mundo atual. Não são poucas as divisões, os muros, os preconceitos, as separações e os conflitos atualmente. A Igreja não pode se eximir de oferecer sua valiosa contribuição, e se ela não o fizer, ninguém vai fazer no lugar dela. Uma "Igreja em saída" é uma Igreja decididamente missionária, capaz de sair da autorreferencialidade para chegar a todos, indistintamente, a fim de testemunhar no mundo o amor salvífico do Senhor. O papa Francisco vem apresentando um caminho para a humanidade, a partir da centralidade de Jesus de Nazaré.

Prof. Dr. Wellington da Silva de Barros
Leigo Doutor em Teologia Pastoral da Mobilidade Humana, pela Pontifícia Universidade Urbaniana; e Doutor em Ciência da Religião, pela Pontifícia Universidade Católica de São Paulo (PUC-SP); professor de Teologia, no Instituto São Paulo de Teologia (ITESP); e colaborador das Irmãs Scalabrinianas.

Nota

[1] LADARIA, Luis F. *Jesus Cristo, salvação de todos*. Petrópolis: Vozes, 2021, p. 14.

BIBLIOGRAFIA

GESCHE, Adolphe. *O ser humano*. São Paulo: Paulinas, 2003.

DENZINGER, Heinrich. Compêndio dos símbolos, definições e declarações de fé e moral da Igreja católica. São Paulo: Paulinas/Loyoya, 2006.

LADARIA, Luis F. *Jesus Cristo, salvação de todos*. Petrópolis: Vozes, 2021.

COMISSÃO TEOLÓGICA INTERNACIONAL. Sinodalidade na Vida e Missão da Igreja. Disponível em: <https://www.vatican.va/roman_curia/congregations/cfaith/cti_documents/rc_cti_20180302_sinodalita_po.html>. Acesso em: (10/10/2022).

CONCÍLIO ECUMÊNICO VATICANO II – Documentos. Brasília: Edições CNBB, 2018.

ÍNDICE